Lekti Kreyòl

Repons
Liv Aktivite 3

Wilson Douce

Lekti Kreyòl Repons Liv Aktivite 3
By Wilson Douce

© Copyright Wilson Douce 2021
ISBN: 978-1-956241-11-2

ALL RIGHTS RESERVED. No part of this book may be reproduced, scanned or transmitted in any forms, digital, audio or printed, without the expressed written consent of the author.

Illustration: Anya Cartwright

Repons - Leson 1 - Vole Avyon - Vokabilè

Paj 1-2

1. Apre mwen fini pase yon bon ti tan nan yon lekòl pilòt nan peyi Bèljik, mwen ka pilote avyon.
2. Mwen kontan sa anpil.
3. Mwen te toujou pran tan pou gade avyon k' ap vole.
4. Men, mwen te pi fanatik avyon.
5. Lè mwen te piti, se te pasyon mwen.
6. Jodiya mwen satisfè.
7. Lè mwen te piti, se te pasyon mwen.
8. Apre mwen fini pase yon bon ti tan nan yon lekòl pilòt nan peyi Bèljik, mwen ka pilote avyon.
9. Men, mwen te pi fanatik avyon.
10. Elikoptè te enterese mwen tou.
11. Mwen reyalize rèv mwen.
12. Mwen te toujou pran tan pou gade avyon k' ap vole.

Paj 3-4 – Repons yo pral varye dapre nivo elèv/etidyan/patisipan an.

Paj 5 – Repons yo pral varye dapre nivo elèv/etidyan/patisipan an.

Paj 6 – Sa yo se egzanp repons pami repons ki posib:

1. Sinonim/Antonim: Byen/ditou (Egzanp: Kè mwen <u>byen</u> kontan. /Kè nwen pa kontan <u>ditou</u>. Definisyon anpil: yon pakèt
2. Klewon (sinonim twonpèt). Definisyon: enstriman ki gen twa piston.
3. Aparèy son (sinonim enstriman mizik)
4. Definisyon Klarinèt: enstriman mizik a van, anbwa, a anch
5. Paradi/lanfè
6. Definisyon <u>twonbòn</u>: Enstriman a van, ak anbouchi, ak koulis
7. Definisyon <u>gita</u>: Enstriman mizik akòd redi oubyen pense epi ki gen yon manch ki long.
8. Sinonim /Antonim: Akò, inison/dezakò, kakofoni
9. Definisyon flit: enstriman a van, lonje e vid epi ak twou
10. Sinonim <u>son</u>: ton, entonasyon, tonalite, rezonans
11. Sinonim <u>akòd</u>: a fil
12. Definisyon <u>Enstriman van:</u> Enstriman ou soufle ak bouch ou.

Paj 7–Egzanp kòman pou konplete egzèsis sa a.

1. Mo ki gen menm son ou tande nan kòmansman 'nich' (amoni).
2. Mo ki gen menm son ou tande nan finisman 'devinèt' (klarinèt/twonpèt).
3. Mo ki gen menm son ou tande nan finisman 'lit' (flit).
4. Mo ki gen menm son ou tande nan finisman 'agranman' (enstriman/van).
5. Mo ki gen menm son ou tande nan kòmansman 'anfle' (anpil).
6. Mo ki gen menm son ou tande nan finisman 'fyèl' (syèl).
7. Mo ki gen menm son ou tande nan finisman 'kanson' (son/bon).
8. Mo ki gen menm son ou tande nan finisman 'kabòn' (twonbòn).
9. Mo ki gen menm son ou tande nan kòmansman 'pyas' (pyano).
10. Mo ki gen menm son ou tande nan finisman 'pen' (renmen, mwen).
11. Mo ki gen menm son ou tande nan kòmansman 'kouraj' (koumanse).
12. Mo ki gen menm son ou tande nan finisman 'rete' (chante).

Repons - Leson 2 - Yon Sesyon Mizik - Vokabilè

Paj 8

1. Twonpèt kou twonbòn, klarinèt kou flit, gita kou pyano yo tout ap chante.
2. Mwen santi mwen nan syèl.
3. Twonpèt kou twonbòn, klarinèt kou flit, gita kou pyano yo tout ap chante.
4. Kè mwen kontan anpil.
5. Enstriman akòd kon enstriman van, yo tout ap bay bon son.
6. Mwen renmen bon son.
7. Mwen tande yon bèl amoni.
8. Twonpèt kou twonbòn, klarinèt kou flit, gita kou pyano yo tout ap chante.
9. Enstriman akòd kon enstriman van, yo tout ap bay bon son.
10. Twonpèt kou twonbòn, klarinèt kou flit, gita kou pyano yo tout ap chante.
11. Enstriman yo te fèk koumanse jwe.
12. Twonpèt kou twonbòn, klarinèt kou flit, gita kou pyano yo tout ap chante.

Lekti Kreyòl - Repons Liv Aktivite 3   W. Douce

Repons - Leson 2 - Yon Sesyon Mizik - Vokabilè

Paj 9
1. akòd
2. flit
3. son
4. twonbòn
5. gita
6. syèl
7. Twonpèt
8. klarinèt
9. anpil
10. amoni
11. van
12. Enstriman

Paj 10 – Repons yo pral varye dapre nivo elèv/etidyan/patisipan an.

Paj 11 – Repons yo pral varye dapre nivo elèv/etidyan/patisipan an.

Repons - Leson 3 - Fè Laglisad - Vèb

Paj 12
1. Pafwa nou fèmen je nou n'ap desann.
2. Men pafwa, lè nou pa pran prekosyon, nou konn gen kèk grafonyen.
3. Nan tout sa mwen te konn fè, mwen sonje laglisad.
4. Se te bèl plezi.
5. Men se pa te grav.
6. Lè mwen te piti mwen te gen anpil amizman.
7. Nou te sèvi ak yon moso katon, nou chita sou li epi nou leve de pye nou anlè.
8. Mwen menm ak ti zanmi mwen yo, nou moute sou mòn bò lakay.

Repons - Leson 3 - Fè Laglisad - Vokabile

Paj 13
1. Nan tout sa mwen te konn fè, mwen sonje laglisad.
2. Pafwa nou fèmen je nou n'ap desann.
3. Lè mwen te piti mwen te gen anpil amizman.
4. Men pafwa, lè nou pa pran prekosyon, nou konn gen kèk grafonyen.
5. Nou te sèvi ak yon moso katon, nou chita sou li epi nou leve de pye nou anlè.
6. Se te bèl plezi.
7. Men se pa te grav.
8. Mwen menm ak ti zanmi mwen yo, nou moute sou mòn bò lakay.

Paj 14 – Repons yo pral varye dapre nivo elèv/etidyan/patisipan an.

Repons - Leson 4 - Nan Yon Match- Vokabilè

Paj 15
1. souflèt
2. beng
3. koumanse
4. ekip
5. Gade
6. reyini
7. jwè
8. moun
9. foutbòl
10. Je
11. tèlman
12. Abit

Paj 16
1. Gade yon ti jwè!
2. Abit la met souflèt li nan bouch li; li soufle.
3. Tout jwè foutbòl yo koumanse fè mouvman.
4. Li tèlman trible tout moun pè li.
5. Tout moun gen tan reyini.
6. Je tout moun kale sou ekip pa yo.
7. Twazè sonnen beng!

Paj 17 – Repons yo pral varye dapre nivo elèv/etidyan/patisipan an.

Repons - Leson 4 - Nan Yon Match- Vèb

Paj 18
1. pouse
2. soufle
3. reyini
4. Gade
5. siveye
6. trible
7. kale
8. rive
9. pran
10. sonnen
11. koumanse

Paj 19
1. Abit la met souflet li nan bouch li; li soufle.
2. Twaze sonnen beng!
3. Li tèlman trible tout moun pè li.
4. Tout jwè foutbòl yo koumanse fè mouvman.
5. Gadyen yo ap siveye balon toupatou.
6. Je tout moun kale sou ekip pa yo.
7. Estad la pran dife!
8. Tout moun gen tan reyini.

Lekti Kreyòl - Repons Liv Aktivite 3   W. Douce

9. Bon, Bon! ti jwè a pase tout jwè li rive devan gadyen an, li pouse boul la nan mitan janm ni.
10. Gade yon ti jwe!
11. Bon, Bon! ti jwe a pase tout jwe li rive devan gadyen an, li pouse boul la nan mitan janm ni.

Paj 20 - Repons yo pral varye dapre nivo elèv/etidyan/patisipan an.

> **Repons - Leson 5 - Bato Tonton Mwen An - Vokabilè**

Paj 21
1. maren
2. Tonton
3. bagay
4. waf
5. Bato
6. chay
7. tay mwayèn
8. Jeremi
9. moun

Paj 22
1. Anpil moun renmen bato a.
2. Yo prale fè Jeremi - Pòtoprens.
3. Bato sila a, kwake li pa twò gwo, li pi gwo pase tout bato ki sou waf la.
4. Yon sèl bagay mwen di tonton mwen, pa pote twòp chay ak moun pou bato a pa koule.
5. Se yon bato tay mwayèn.
6. Tonton mwen achte yon bato tou nèf.
7. Yon sèl bagay mwen di tonton mwen, pa pote twòp chay ak moun pou bato a pa koule.
8. Tonton mwen pral travay sou li avèk kèk lòt maren.
9. Bato a bèl anpil.

Paj 23 - Repons yo pral varye dapre nivo elèv/etidyan/patisipan an.

> **Repons - Leson 5 - Bato Tonton Mwen An - Vèb**

Paj 24
1. renmen
2. koule
3. prale
4. li pi gwo
5. Bato a bèl
6. Se
7. travay
8. pote
9. achte

Paj 25
1. Bato a bèl anpil.
2. Yo prate fè Jeremi - Pòtoprens.
3. Se yon bato tay mwayèn.
4. Yon sèl bagay mwen di tonton mwen, pa pote twòp chay ak moun pou bato a pa koule.
5. Yon sèl bagay mwen di tonton mwen, pa pote twòp chay ak moun pou bato a pa koule.
6. Tonton mwen pral travay sou li avèk kèk lòt maren.
7. Bato sila a, kwake li pa twò gwo, li pi gwo pase tout bato ki sou waf la.
8. Anpil moun renmen bato a.
9. Tonton mwen achte yon bato tou nèf.

Paj 26 - Repons yo pral varye dapre nivo elèv/etidyan/patisipan an.

> **Repons - Leson 6 - Jwèt Bòlet - Vèb**

Paj 27
1. Yo ta renmen rich, yo ta renmen gen kòb vit.
2. Gen moun ki meprize fanmi yo you yo ka jwe bòlèt.
3. Anpil moun nan peyi Dayiti renmen jwe bòlèt.
4. Yo pote tout non.
5. Moun reve toutan.
6. Bon rèv kou move rèv, tout pote moun ale pran yon ti nimewo.
7. Raman yo genyen.
8. Bon rèv kou move rèv, tout pote moun ale pran yon ti nimewo.
9. Enben, se sa ki fè nan chak kwen kapital la, e nan anpil pwovens, ou jwenn yon bank bòlèt.
10. Pafwa se yon gwo traka.

Paj 28 - Repons yo pral varye dapre nivo elèv/etidyan/patisipan an.

> **Repons - Leson 6 - Jwèt Bòlet - Vokabilè**

Paj 29
1. Raman
2. bolet
3. kapital
4. bank
5. non
6. toutan
7. fanmi
8. rev
9. rich
10. pwovens
11. traka
12. nimewo

Lekti Kreyòl - Repons Liv Aktivite 3

Paj 30
1. Yo pote tout non.
2. Pafwa se yon gwo traka.
3. Yo ta renmen rich, yo ta renmen gen kòb vit.
4. Enben, se sa ki fè nan chak kwen kapital la, e nan anpil pwovens, ou jwenn yon bank bòlèt.
5. Moun reve toutan.
6. Enben, se sa ki fè nan chak kwen kapital la, e nan anpil pwovens, ou jwenn yon bank bòlèt.
7. Bon rèv kou move rèv, tout pote moun ale pran yon ti nimewo.
8. Anpil moun nan peyi Dayiti renmen jwe bòlèt.
9. Raman yo genyen.
10. Bon rèv kou move rèv, tout pote moun ale pran yon ti nimewo.
11. Gen moun ki meprize fanmi yo you yo ka jwe bòlèt.
12. Enben, se sa ki fè nan chak kwen kapital la, e nan anpil pwovens, ou jwenn yon bank bòlèt.

Paj 31 - Repons yo pral varye dapre nivo elèv/etidyan/patisipan an.

Repons - Leson 7 - Tounen Nan Travay - Vèb

Paj 32
1. gen
2. rewe
3. tounen
4. kite
5. fek soti
6. fini
7. rekòmanse

Paj 33
1. Nou fèk soti pran yon mwa repo.
2. Mwen menm ak madanm mwen tounen byen fre.
3. Vakans fèk fini.
4. Nou gen plis fòs e plis dispozisyon.
5. Yo tout deside rekòmanse achte nan magazen an.
6. Nou kontan rewè tout kliyan nou yo nou pa wè kèk jou.
7. Enben, nou ap toujou kite batan pòt nou yo tou louvri you tout kominote a.

Paj 34 - Repons yo pral varye dapre nivo elèv/etidyan/patisipan an.

Repons - Leson 7 - Tounen Nan Travay - Vokabilè

Paj 35
1. repo
2. madanm
3. dispozisyon
4. kontan
5. kominote
6. Vakans
7. kliyan
8. magazen

Paj 36
1. Nou fèk soti pran yon mwa repo.
2. Yo tout deside rekòmanse achte nan magazen an.
3. Mwen menm ak madanm mwen tounen byen fre.
4. Nou kontan rewè tout kliyan nou yo nou pa wè kèk jou.
5. Vakans fèk fini.
6. Enben, nou ap toujou kite batan pòt nou yo tou louvri you tout kominote a.
7. Mwen kontan sa.
8. Nou gen plis fòs e plis dispozisyon.

Paj 37 - Repons yo pral varye dapre nivo elèv/etidyan/patisipan an.

Repons - Leson 8 - Lanjelis- Vokabilè

Paj 38
1. Firanmezi
2. jounen
3. popyè
4. labrim
5. lakay
6. setè

Paj 39
1. Jounen an kòmanse fèmen popyè li yo.
2. Yo pa mache twò vit; paske jounen travay la fin pran tout fòs yo.
3. Firanmezi yo ap mache, yo ap disparèt nan labrim diswa.
4. Li fèk setè.
5. Firanmezi yo ap mache, yo ap disparèt nan labrim diswa.
6. A yon ti distans de mwen, mwen wè kèk moun ki ap tounen lakay.

Paj 40 - Repons yo pral varye dapre nivo elèv/etidyan/patisipan an.

Lekti Kreyòl - Repons Liv Aktivite 3

Repons - Leson 8 - Lanjelis- Vèb

Paj 41
1. fèk
2. mache
3. boure
4. se
5. tounen
6. kòmanse
7. disparèt
8. kache
9. efase

Paj 42
1. Yon lòt ti moman yo efase nèt nan fènwa a.
2. A yon ti distans de mwen, mwen wè kèk moun ki ap tounen lakay.
3. Petèt nou va wè moun si lalin nan pa kache anba nyaj.
4. Jounen an kòmanse fèmen popyè li yo.
5. Yo pa mache two vit; paske jounen travay la fin pran tout fòs yo.
6. Li fèk setè.
7. Pita ankò se lanwit.
8. Firanmezi yo ap mache, yo ap disparèt nan labrim diswa.
9. Syèl la pral boure ak zetwal.

Paj 43 - Repons yo pral varye dapre nivo elèv/etidyan/patisipan an.

Repons - Leson 9 - Yon Pye Kenèp Mal - Vèb

Paj 44
1. gen
2. joure
3. rive
4. Se
5. soufle
6. resevwa
7. kage
8. fè
9. renmen

Paj 45
1. Nou pa renmen sa?
2. Yon ti kay ki tou pre li resevwa bon jan frechè ak lonbraj.
3. Se tout lajounen moun ap joure pyebwa a.
4. Tanzantan yon moun nan kay la kage chèz li anba pye kenèp la.
5. Bò lakay mwen, gen yon pye kenèp.
6. Li pajanm fè mal.
7. Lè labriz diswa ap soufle nan mitan fèy li yo, gen yon bèl mizik ki rive nan zòrèy nou.
8. Lè labriz diswa ap soufle nan mitan fèy li yo, gen yon bel mizik ki rive nan zòrey nou.
9. Se yon kenèp mal.

Paj 46 - Repons yo pral varye dapre nivo elèv/etidyan/patisipan an.

Repons - Leson 9 - Yon Pye Kenèp Mal - Vokabilè

Paj 47
1. pajanm
2. Tanzantan
3. poukisa
4. lakay
5. frechè
6. kenèp
7. lajounen
8. sa
9. lonbraj
10. zòrèy
11. labriz diswa

Paj 48
1. Yon ti kay ki tou pre li resevwa bon jan frechè ak lonbraj.
2. Se tout lajounen moun ap joure pyebwa a.
3. Lè labriz diswa ap soufle nan mitan fèy li yo, gen yon bèl mizik ki rive nan zòrèy nou.
4. Men poukisa moun ap joure li?
5. Lè labriz diswa ap soufle nan mitan fèy li yo, gen yon bèl mizik ki rive nan zòrèy nou.
6. Li pajanm fè mal.
7. Se yon kenèp mal.
8. Nou pa renmen sa?
9. Bò lakay mwen, gen yon pye kenèp.
10. Tanzantan yon moun nan kay la kage chèz li anba pye kenèp la.
11. Yon ti kay ki tou pre li resevwa bon jan frechè ak lonbraj.

Paj 49 - Repons yo pral varye dapre nivo elèv/etidyan/patisipan an.

Repons - Leson 10 - Aparans E Karaktè Moun - Vèb ak ekspresyon

Paj 50
1. di
2. pale klè
3. deraye
4. gen
5. gen moun tèt drèt
6. pale
7. Gen moun
8. gen moun anraje
9. kenbe

Lekti Kreyòl - Repons Liv Aktivite 3

Paj 51
1. Moun anraje a, lè li deraye se kenbe pou yo kenbe li.
2. Moun anraje a, lè li deraye se kenbe pou yo kenbe li.
3. Moun fou a pale, men pifò pawòl li di depaman youn ak lòt.
4. Pwovèb kreyòl la di: "Tout moun se moun, men tout moun pa menm".
5. Sou latè gen tout kalite moun.
6. Men, gen moun anraje tou.
7. Moun tèt drèt la pale klè kou dlo kòk.
8. Gen moun ki dousman, ki parese; konsa tou gen moun ki aktif, ki travayan.
9. Nan tout peyi, Amerik oubyen Ewòp, Azi, Afrik oubyen Ostrali, gen moun fou, gen moun tèt drèt.

Paj 52 - Repons yo pral varye dapre nivo elèv/etidyan/patisipan an.

Repons - Leson 10 - Aparans E Karaktè Moun - Vokabilè

Paj 53
1. anraje
2. Ostrali
3. Moun
4. mens
5. travayan
6. Pwovèb
7. dlo kòk
8. latè
9. depaman

Paj 54
1. Moun fou a pale, men pifò pawòl li di depaman youn ak lòt.
2. Sou latè gen tout kalite moun.
3. Gwo moun, moun mens, moun mèg, moun gra ekt.
4. Pwovèb kreyòl la di: "Tout moun se moun, men tout moun pa menm".
5. Moun anraje a, lè li deraye se kenbe you yo kenbe li.
6. Nan tout peyi, Amerik oubyen Ewòp, Azi, Afrik oubyen Ostrali, gen moun fou, gen moun tèt drèt.
7. Gen moun ki dousman, ki parese; konsa tou gen moun ki aktif, ki travayan.
8. Men, gen moun anraje tou.
9. Moun tèt drèt la pale klè kou dlo kòk.

Paj 55 - Repons yo pral varye dapre nivo elèv/etidyan/patisipan an.

Repons - Leson 11 - Yon Lèt Bay Manman Mwen - Vèb

Paj 56
1. konnen
2. fè
3. koze
4. renmen
5. sonje
6. ye
7. Pote
8. ekri
9. priye
10. Petyonvil
11. rete
12. rache
13. Ban

Paj 57
1. Se avèk yon gwo lakontantman, mwen pran plim mwen pou mwen ekri ou.
2. Ban mwen nouvèl tout lòt moun yo nan Nouyòk.
3. Mwen menm, kè mwen ap rache.
4. Mwen sonje ou anpil.
5. Se chak jou nanm mwen louvri byen laj devan Bondye pou priye pou ou.
6. Pote tout fado w yo ak bon jan kouraj.
7. Sa fè lontan depi nou pa koze.
8. Petyonvil, 26 avril 1993
9. Men mwen konnen sa fè ou tris.
10. Men manman, ou mèt sèten, kè mwen rete tou pre kè ou.
11. Manman cheri mwen, kijan ou ye?
12. Mwen pa konnen ni jou ni mwa, ni ane, yon sèl bagay, soulajman w pa twò lwen.
13. Tanpri, toujou sonje mwen renmen w anpil!

Paj 58 - Repons yo pral varye dapre nivo elèv/etidyan/patisipan an.

Repons - Leson 11 - Yon Lèt Bay Manman Mwen - Vokabilè

Paj 59
1. tris
2. Pitit gason
3. Bondye
4. lontan
5. nouvèl
6. soulajman
7. lakontantman
8. fado
9. tout moun
10. sèten
11. cheri
12. Tanpri
13. anpil
14. Mwen menm
15. Petyonvil

W. Douce

Lekti Kreyòl - Repons Liv Aktivite 3

Repons - Leson 11 -Yon Lèt Bay Manman Mwen - Vokabilè

Paj 60
1. Manman cheri mwen, kijan ou ye?
2. Se chak jou nanm mwen louvri byen laj devan Bondye pou priye pou ou.
3. Mwen ta renmen pou ou bò kote mwen. Di tout moun mwen renmen yo anpil.
4. Tanpri, toujou sonje mwen renmen w anpil!
5. Sa fè lontan depi nou pa koze.
6. Ban mwen nouvèl tout lòt moun yo nan Nouyòk?
7. Mwen sonje ou anpil.
8. Men manman, ou mèt sèten, kè mwen rete tou pre kè ou.
9. Mwen pa konnen ni jou ni mwa, ni ane, yon sèl bagay, soulajman w pa twò lwen.
10. Pote tout fado w yo ak bon jan kouraj.
11. Mwen menm, kè mwen ap rache.
12. Se avèk yon gwo lakontantman, mwen pran plim mwen pou mwen ekri ou.
13. Petyonvil, 26 avril 1993
14. Pitit gason ou, BIBI
15. Men mwen konnen sa fè ou tris.

Paj 61 - Repons yo pral varye dapre nivo elèv/etidyan/patisipan an.

Repons - Leson 12 - Nan Lopital - Vèb ak ekspresyon

Paj 62
1. wè
2. kouche
3. gen
4. se akoz
5. vizite
6. ale
7. fè
8. soufri
9. sa di anpil
10. Ganyen

Paj 63
1. Ganyen ki kouche akoz aksidan.
2. Pafwa lè ou wè moun yo ou gen lapenn.
3. Li pa fasil pou vizite yon lopital.
4. Ganyen lòt se akoz enpridans ki fè yo ale nan òtopedi oubyen chiriji apre yon grav aksidan.
5. Ganyen se akoz malnitrisyon, oubyen tibèkiloz.
6. Ganyen se akoz malnitrisyon, oubyen tibèkiloz.
7. Fòk ou gen kè ak anpil kouraj.
8. Ganyen lòt se akoz enpridans ki fè yo ale nan òtopedi oubyen chiriji apre yon grav aksidan.
9. Nan youn ou lòt ka, sa di anpil pou wè yon zantray ki ap soufri.
10. Gen moun k'ap soufri tout jan.

Paj 64 - Repons yo pral varye dapre nivo elèv/etidyan/patisipan an.

Repons - Leson 12 - Nan Lopital - Vokabilè

Paj 65
1. lapenn
2. enpridans
3. aksidan
4. zantray
5. tibèkiloz
6. malnitrisyon
7. kouraj
8. òtopedi
9. chiriji
10. lopital
11. moun

Paj 66
1. Ganyen se akoz malnitrisyon, oubyen tibèkiloz.
2. Ganyen ki kouche akoz aksidan.
3. Pafwa lè ou wè moun yo ou gen lapenn.
4. Fòk ou gen kè ak anpil kouraj.
5. Ganyen se akoz malnitrisyon, oubyen tibòkiloz.
6. Ganyen lòt se akoz enpridans ki fè yo ale nan òtopedi oubyen chiriji apre yon gray aksidan.
7. Nan youn ou lòt ka, sa di anpil pou wè yon zantray ki ap soufri.
8. Ganyen lòt se akoz enpridans ki fè yo ale nan òtopedi oubyen chiriji apre yon grav aksidan.
9. Li pa fasil pou vizite yon lopital.
10. Gen moun k'ap soufri tout jan.
11. Ganyen lòt se akoz enpridans ki fè yo ale nan òtopedi oubyen chiriji apre yon gray aksidan.

Paj 67 - Repons yo pral varye dapre nivo elèv/etidyan/patisipan an.

Repons - Leson 13 - Yon Ti Tonèl - Vèb ak ekspresyon

Paj 69
1. se pa
2. fèt
3. Malgre sa
4. sèvi ak
5. trese
6. fè
7. Se pa vre
8. Se
9. sèvi ak

Lekti Kreyòl - Repons Liv Aktivite 3   W. Douce

Paj 70
1. Malgre sa, tonèl la pi bon pase anyen ditou. Se pa vre?
2. Li fèt ak pay kokoye ki trese tribò babò.
3. Anpil fwa lè pa gen bwa solid tankou chenn oubyen kajou, bòs yo sèvi ak gonmye.
4. Malerezman se kay solèy, se pa kay lapli.
5. Malgre sa, tonèl la pi bon pase anyen ditou. Se pa vre?
6. Se yon gwo travay pou fè yon tonèl.
7. Li fèt ak pay kokoye ki trese tribò babò.
8. Anpil fwa lè pa gen bwa solid tankou chenn oubyen kajou, bòs yo sèvi ak gonmye.
9. Se yon gwo travay pou fè yon tonèl.

Paj 71 - Repons yo pral varye dapre nivo elèv/etidyan/patisipan an.

Repons - Leson 13 - Yon Ti Tonèl - Vokabilè

Paj 72
1. gonmye
2. tonèl
3. kajou
4. Anpil fwa
5. kokoye
6. chenn
7. Malerezman
8. kokoye
9. solid
10. pay
11. anyen ditou
12. travay
13. tribò babò

Repons - Leson 13 - Yon Ti Tonèl - Vokabilè

Paj 73
1. Anpil fwa lè pa gen bwa solid tankou chenn oubyen kajou, bòs yo sèvi ak gonmye.
2. Li fèt ak pay kokoye ki trese tribò babò.
3. Li fèt ak pay kokoye ki trese tribò babò.
4. Anpil fwa lè pa gen bwa solid tankou chenn oubyen kajou, bòs yo sèvi ak gonmye.
5. Se yon gwo travay pou fè yon tonèl.
6. Anpil fwa lè pa gen bwa solid tankou chenn oubyen kajou, bòs yo sèvi ak gonmye.
7. Anpil fwa lè pa gen bwa solid tankou chenn oubyen kajou, bòs yo sèvi ak gonmye.
8. Malerezman se kay solèy, se pa kay lapli.
9. Li fèt ak pay kokoye ki trese tribò babò.
10. Anpil fwa lè pa gen bwa solid tankou chenn oubyen kajou, bòs yo sèvi ak gonmye.
11. Malgre sa, tonèl la pi bon pase anyen ditou. Se pa vre?
12. Li fèt ak pay kokoye ki trese tribò babò.
13. Se yon gwo travay pou fè yon tonèl.

Paj 74 - Repons yo pral varye dapre nivo elèv/etidyan/patisipan an.

Repons - Leson 14 - Bòs Fòmann - Vèb ak ekspresyon

Paj 76
1. bati
2. rete
3. dwe
4. pase
5. bezwen
6. pi gwo moso
7. sipèvize
8. moso

Paj 77
1. Lè chantye ap bati, enjenyè pa ka rete toutan sou plas.
2. Lè chantye ap bati, enjenyè pa ka rete toutan sou plas.
3. Li bezwen yon bon fòmann.
4. Fòmann nan la pou sipèvize detay travay yo, pandan enjenyè a ap sipèvize pi gwo moso nan travay la.
5. Men tout travay; gwo oubyen piti, dwe nòmalman pase nan men ouvriye ki pi piti yo.
6. Fòmann nan la pou sipèvize detay travay yo, pandan enjenyè a ap sipèvize pi gwo moso nan travay la.
7. Men tout travay; gwo oubyen piti, dwe nòmalman pase nan men ouvriye ki pi piti yo.
8. Fòmann nan la pou sipèvize detay travay yo.

Paj 78 - Repons yo pral varye dapre nivo elèv/etidyan/patisipan an.

Repons - Leson 14 - Bòs Fòmann - Vokabilè

Paj 80
1. nòmalman
2. moso
3. fòmann
4. enjenyè
5. toutan
6. ouvriye
7. chantye
8. travay
9. oubyen
10. detay

Paj 81
1. Fòmann nan la pou sipvizè detay travay yo.
2. Lè chantye ap bati, enjenyè pa ka rete toutan sou plas.
3. Li bezwen yon bon fòmann.
4. Fòmann nan la pou sipèvizè detay travay yo, pandan enjenyè a ap sipèvizè pi gwo moso nan travay la.

Lekti Kreyòl - Repons Liv Aktivite 3

5. Men tout travay; gwo oubyen piti, dwe nòmalman pase nan men ouvriye ki pi piti yo.
6. Men tout travay; gwo oubyen piti, dwe nòmalman pase nan men ouvriye ki pi piti yo.
7. Men tout travay; gwo oubyen piti, dwe nòmalman pase nan men ouvriye ki pi piti yo.
8. Men tout travay; gwo oubyen piti, dwe nòmalman pase nan men ouvriye ki pi piti yo.
9. Fòmann nan la pou sipèvizè detay travay yo, pandan enjenyè a ap sipèvizè pi gwo moso nan travay la.
10. Lè chantye ap bati, enjenye pa ka rete toutan sou plas.

Paj 82 - Repons yo pral varye dapre nivo elèv/etidyan/patisipan an.

Repons - Leson 15 - Yon Travay Faktori - Vèb ak ekspresyon

Paj 84
1. fè
2. viv
3. devore
4. leve
5. mouri grangou
6. mouri
7. nan bout di
8. pa pral
9. senyen
10. manje
11. travay
12. goumen

Paj 85
1. M'ap travay nan faktori.
2. Yo leve bonè.
3. Yo di se swa yo viv oubyen yo mouri.
4. Si yo pa fe li, Tidyo ak Anita pa pral lekòl.
5. Nan travay sila a nou fè boul bezbòl.
6. Menm kan dwèt yo ap senyen yo bije fè dyòb la.
7. Anpil nan moun k'ap travay yo nan bout di.
8. Pafwa kout zegwi fin devore tout dwèt yo.
9. Yo pa byen manje.
10. Manman malad ii ka mouri grangou.
11. Anverite, moun sa yo se moun k'ap goumen ak lamizè.
12. Yo di se swa yo viv oubyen yo mouri.

Repons - Leson 15 - Yon Travay Faktori - Vèb ak ekspresyon

Paj 86
1. goumen
2. senyen
3. leve
4. nan bout di
5. pa pral
6. fè
7. manje
8. travay
9. mouri grangou
10. devore
11. mouri
12. viv

Paj 87 - Repons yo pral varye dapre nivo elèv/etidyan/patisipan an.

Repons - Leson 15 - Yon Travay Faktori - Vokabilè

Paj 88
1. malad
2. bezbòl
3. byen
4. faktori
5. moun
6. oubyen
7. lamizè
8. lekòl
9. bonè
10. dyòb
11. zegwi

Paj 89
1. Anverite, moun sa yo se moun k'ap goumen ak lamizè.
2. Manman malad li ka mouri grangou.
3. Anpil nan moun k'ap travay yo nan bout di.
4. Pafwa kout zegwi fin devore tout dwèt yo.
5. Yo leve bonè.
6. Yo pa byen manje.
7. Menm kan dwèt yo ap senyen yo bije fè dyòb la.
8. Si yo pa fè li, Tidyo ak Anita pa pral lekò1.
9. M'ap travay nan faktori.
10. Nan travay sila a nou fè boul bezbòl.
11. Yo di se swa yo viv oubyen yo mouri.

Paj 90 - Repons yo pral varye dapre nivo elèv/etidyan/patisipan an.

Repons - Leson 16 - Yon Kous Moto - Vèb ak ekspresyon

Paj 92
1. double
2. konnen
3. pral
4. pèdi
5. genyen
6. fè mouvman
7. renmen
8. pran
9. kòk kalite

W. Douce

Lekti Kreyòl - Repons Liv Aktivite 3

Paj 93
1. Pafwa li tèlman fè mouvman, li ba moun kèk kalòt san li pa konnen.
2. De motosiklis yo pran wout la tankou de kòk kalite ki pral nan gagè.
3. Pafwa li tèlman fè mouvman, li ba moun kèk kalòt san li pa konnen.
4. Anpil fwa li kite manje lakay li pou li pa pèdi anyen.
5. Lè moto pa li a genyen, li kontan anpil.
6. De motosiklis yo pran wout la tankou de kòk kalite ki pral nan gagè.
7. Ti frè mwen an renmen sa anpil.
8. De motosiklis yo pran wout la tankou de kòk kalite ki pral nan gage.
9. Li renmen wè lè yon moto ap double yon lòt, lè motosiklis la panche prèt pou tonbe.

Paj 94 - Repons yo pral varye dapre nivo elèv/etidyan/patisipan an.

> **Repons - Leson 16 - Yon Kous Moto - Vokabilè**

Paj 96
1. mouvman
2. motosiklis
3. moto
4. tankou
5. frè
6. gagè
7. kontan
8. manje
9. kalòt

Paj 97
1. De motosiklis yo pran wout la tankou de kòk kalite ki pral nan gagè.
2. Anpil fwa li kite manje lakay li pou li pa pèdi anyen.
3. Pafwa li tèlman fè mouvman, li ba moun kèk kalòt san li pa konnen.
4. De motosiklis yo pran wout la tankou de kòk kalite ki pral nan gagè.
5. Li renmen wè lè yon moto ap double yon lòt, lè motosiklis la panche prèt pou tonbe.
6. Lè moto pa li a genyen, li kontan anpil.
7. Pafwa li tèlman fè mouvman, li ba moun kèk kalòt san li pa konnen.
8. De motosiklis yo pran wout la tankou de kòk kalite ki pral nan gagè.
9. Ti frè mwen an renmen sa anpil.

Paj 98 - Repons yo pral varye dapre nivo elèv/etidyan/patisipan an.

> **Repons - Leson 17 - Nan Makèt La - Vèb ak ekspresyon**

Paj 100
1. pote
2. fè
3. manyen
4. renmen
5. enspekte
6. Bade
7. tcheke
8. achte
9. ale
10. mache

Paj 101
1. Gran sè mwen an renmen fè makèt.
2. Li gade adwat, li gade agoch, li manyen bwat lèt yo.
3. Li gade adwat, li gade agoch, li manyen bwat lèt yo.
4. Li mache anndan tout makèt la anvan li achte.
5. Li enspekte vyann yo.
6. Li gade poul yo dèye vitrin, li tcheke sache diri ak mayi yo.
7. Li renmen ale ak Yabout, ti frè mwen an.
8. Poukisa? Paske li renmen achte, men li pa renmen pote.
9. Li renmen achte janbon ak montadèl you fè sandwitch.
10. Li mache anndan tout makèt la anvan li achte.

Paj 102 - Repons yo pral varye dapre nivo elèv/etidyan/patisipan an.

> **Repons - Leson 17 - Nan Makèt La - Vokabilè**

Paj 104
1. adwat
2. vyann
3. diri
4. makèt
5. vitrin
6. manyen
7. montadèl
8. Paske
9. anvan
10. anndan
11. agoch
12. mayi
13. janbon
14. sandwitch
15. frè

Lekti Kreyòl - Repons Liv Aktivite 3

W. Douce

Repons - Leson 17 - Nan Makèt La - Vokabilè

Paj 105
1. Li renmen achte janbon ak montadèl pou fè sandwitch.
2. Li gade poul yo dèyè vitrin, li tcheke sache did ak mayi yo.
3. Li renmen ale ak Yabout, ti frè mwen an.
4. Li gade poul yo dèyè vitrin, li tcheke sache did ak mayi yo.
5. Gran sè mwen an renmen fè makèt.
6. Li renmen achte janbon ak montadèl pou fè sandwitch.
7. Li renmen achte janbon ak montadèl pou fè sandwitch.
8. Poukisa? Paske li renmen achte, men li pa renmen pote.
9. Li mache anndan tout makèt la anvan li achte.
10. Li gade pout yo dèyè vitrin, li tcheke sache did ak mayi yo.
11. Li gade adwat, li gade agoch, li manyen bwat lèt yo.
12. Li mache anndan tout makèt la anvan li achte.
13. Li gade adwat, li gade agoch, li manyen bwat lèt yo.
14. Li enspekte vyann yo.
15. Li gade adwat, li gade agoch, li manyen bwat lèt yo.

Paj 106 - Repons yo pral varye dapre nivo elèv/etidyan/patisipan an.

Repons - Leson 18 - Monte Bisiklèt - Vèb ak ekspresyon

Paj 107
1. kenbe
2. tonbe
3. dekouraje
4. panse
5. se
6. renmen
7. kouri
8. monte
9. kite
10. pran

Paj 108
1. Li renmen sa, se sa ki fè li pa te dekouraje.
2. Apre sa se te kouri bekàn nan san pèsonn pa kenbe li.
3. Sa ki te pi difisil you li nan yon premye tan se te kite pye li sou pedal.
4. Anvan Tijan te konn monte bisiklèt, li pase anpil mizè.
5. Tijan pran anpil so.
6. Men kounyeya Tijan se gwo drayvè.
7. Men li pa te dekouraje.
8. Anvan sa li pa te janm panse li te ka kouri yon bagay de wou san li pa tonbe.
9. Apre sa se te kouri bekàn nan san pèsonn pa kenbe li.
10. Anvan sa li pa te janm panse li te ka kouri yon bagay de wou san li pa tonbe.

Paj 109 - Repons yo pral varye dapre nivo elèv/etidyan/patisipan an.

Repons - Leson 18 - Monte Bisiklèt - Vokabilè

Paj 110
1. wou
2. bisiklèt
3. difisil
4. dekouraje
5. bagay
6. anpil
7. kounyeya
8. Men
9. pèsonn
10. tou
11. bekàn

Paj 111
1. Anvan sa li pa te janm panse li te ka kouri yon bagay de wou san li pa tonbe.
2. Anvan Tijan te konn monte bisiklèt, li pase anpil mizè.
3. Li renmen sa, se sa ki fè li pa te dekouraje.
4. Men li pa te dekouraje.
5. Anvan sa li pa te janm panse li te ka kouri yon bagay de wou san li pa tonbe.
6. Ou kapab monte tou!
7. Apre sa se te kouri bekàn nan san pèsonn pa kenbe li.
8. Tijan pran anpil so.
9. Apre sa se te kouri bekàn nan san pèsonn pa kenbe li.
10. Sa ki te pi difisil you li nan yon premye tan se te kite pye li sou pedal.
11. Men kounyeya Tijan se gwo drayvè.

Paj 112 - Repons yo pral varye dapre nivo elèv/etidyan/patisipan an.

Repons - Leson 19 - Nan Mache - Vèb ak ekspresyon

Paj 114
1. mete
2. vini
3. gen
4. grandi
5. reyini

Lekti Kreyòl - Repons Liv Aktivite 3

W. Douce

6. santi bon
7. gen
8. yo tout byen fre
9. yo tout byen bèl
10. renmen
11. achte
12. rasanble

Paj 115
1. Yo tout reyini, yo tout ap vann.
2. Se yon plas ki mete anpil chalè nan kè.
3. Machann ki soti nan tout bouk yo rasanbie ansanm.
4. Pratik yo oubyen achtè gen anpil you yo achte.
5. Men, nan mache a gen anpil lòt bagay; gen viv, tankou bannann, patat, yanm.
6. Nou renmen mache, se li ki to grandi paran nou yo, se li ki grandi nou tou.
7. Fwi, tankou mango, zaboka, zoranj, kenèp, siwèl, sapoti, ...yo tout byen bèl, yo tout byen fre, byen santi bon.
8. Nou renmen mache, se li ki to grandi paran nou yo, se li ki grandi nou tou.
9. Fwi, tankou mango, zaboka, zoranj, kenèp, siwèl, sapoti, ...yo tout byen bèl, yo tout byen fre, byen santi bon.
10. Genyen ki vin sou bèt, anpil vini apye tou.
11. Fwi, tankou mango, zaboka, zoranj, kenèp, siwèl, sapoti, ...yo tout byen bèl, yo tout byen fre, byen santi bon.
12. Men, nan mache a gen anpil lòt bagay; gen viv, tankou bannann, patat, yanm.

Paj 116 - Repons yo pral varye dapre nivo elèv/etidyan/patisipan an.

Repons - Leson 19 - Nan Mache - Vokabilè

Paj 117
1. sapoti
2. zaboka
3. Pratik
4. Machann
5. sou bèt
6. yanm
7. mango
8. sereyal
9. legim
10. chalè
11. paran
12. Yo tout
13. mache
14. pitimi
15. bannann
16. vyann

Repons - Leson 19 - Nan Mache - Vokabilè

Paj 118-119
1. Pratik yo oubyen achtè gen anpil you yo achte.
2. Gen sereyal, tankou mayi, did, pitimi, ble ekt... gen machann vyann, gen machann legim tou.
3. Genyen ki yin sou bèt, anpil vini apye tou.
4. Fwi, tankou mango, zaboka, zoranj, kenèp, siwèl, sapoti, ...yo tout byen bèl, yo tout byen fre, byen santi bon.
5. Nou renmen mache, se li ki to grandi paran nou yo, se li ki grandi nou tou.
6. Gen sereyal, tankou mayi, diri, pitimi, ble ekt... gen machann vyann, gen machann legim tou.
7. Fwi, tankou mango, zaboka, zoranj, kenèp, siwèl, sapoti, ...yo tout byen bèl, yo tout byen fre, byen santi bon.
8. Gen sereyal, tankou mayi, did, pitimi, ble ekt... gen machann vyann, gen machann legim tou.
9. Gen sereyal, tankou mayi, did, pitimi, ble ekt... gen machann vyann, gen machann legim tou.
10. Nou renmen mache, se li ki to grandi paran nou yo, se li ki grandi nou tou.
11. Se yon plas ki mete anpil chalè nan kè.
12. Yo tout reyini, yo tout ap vann.
13. Machann ki soli nan tout bouk yo rasanbie ansanm.
14. Men, nan mache a gen anpil lòt bagay; gen viv, tankou bannann, patat, yanm.
15. Men, nan mache a gen anpil lòt bagay; gen viv, tankou bannann, patat, yanm.
16. Fwi, tankou mango, zaboka, zoranj, kenèp, siwèl, sapoti, ...yo tout byen bèl, yo tout byen fre, byen santi bon.

Paj 120-121 Repons yo pral varye dapre nivo elèv/etidyan/patisipan an.

Repons - Leson 20 - Pran Taptap - Vèb ak ekspresyon

Paj 123
1. youn sou lòt
2. konnen
3. goumen
4. pran
5. tèt chaje
6. kwense
7. chita
8. Ala
9. Gade
10. rale
11. bije
12. frape

Lekti Kreyòl - Repons Liv Aktivite 3 W. Douce

Paj 124
1. Gade yon kwen! Tout moun gonfle la, men yon taptap rive!
2. Nan peyi D Ayiti, pran taptap se yon gwo tèt chaje.
3. Anpil moun pral rale lòt soti pou yo antre.
4. Nan peyi D Ayiti, pran taptap se yon gwo tèt chaje.
5. Ala yon lavi!
6. Lè trajè a long, lè wout la pa bon, anpil moun frape lòt san yo pa konnen.
7. Anpil fwa pa gen plas; kèk moun bije kwense kò yo nan yon ti kwen.
8. Lè trajè a long, lè wout la pa bon, anpil moun frape lòt san yo pa konnen.
9. Anpil fwa pa gen plas; kèk moun bije kwense kò yo nan yon ti kwen.
10. Pafwa tou moun yo chita youn sou lòt.
11. Pafwa tou moun yo chita youn sou lòt.
12. Èske moun sa yo egoyis oubyen y'ap goumen pou yo ka viv?

Paj 125 - Repons yo pral varye dapre nivo elèv/etidyan/patisipan an.

Repons - Leson 20 - Pran Taptap - Vokabilè

Paj 127
1. lavi
2. egoyis
3. moun
4. peyi
5. traje
6. plas
7. wout
8. Pafwa
9. taptap
10. kwen

Paj 128
1. Nan peyi D Ayiti, pran taptap se yon gwo tèt chaje.
2. Gade yon kwen! tout moun gonfle la, men yon taptap rive!
3. Anpil fwa pa gen plas; kèk moun bije kwense kò yo nan yon ti kwen.
4. Lè traje a long, lè wout la pa bon, anpil moun frape lòt san yo pa konnen.
5. Nan peyi D Ayiti, pran taptap se yon gwo tèt chaje.
6. Lè traje a long, lè wout la pa bon, anpil moun frape lòt san yo pa konnen.
7. Èske moun sa yo egoyis oubyen yap goumen pou yo ka viv?
8. Pafwa tou moun yo chita youn sou lòt.
9. Anpil moun pral rale lòt soti pou yo antre.
10. Ala yon lavi!

Paj 129 - Repons yo pral varye dapre nivo elèv/etidyan/patisipan an.

Repons - Leson 21 - Ale Nan Lanmè - Vèb ak ekspresyon

Paj 131
1. ale
2. anbake
3. tranpe
4. naje
5. bezwen
6. pran
7. to gen tan gen
8. benyen
9. monte
10. deside
11. anbake
12. yon bon valè
13. fini
14. mache
15. tounen lakay
16. rive
17. tranpe
18. bay kalinda

Repons - Leson 21 - Ale Nan Lanmè - Vèb ak ekspresyon

Paj 132-133
1. Menm jan ak tout vwazen li yo; Pol bezwen tranpe kò li nan yon ti dlo lanmè.
2. Malerezman demen dimanch, fòk tout moun tounen lakay yo.
3. Moun yo benyen, yo mache sou sab lanmè; se bèl bagay.
4. Pòl ak madanm ni deside ale nan plaj.
5. Ti moun ki monte sou chanm, granmoun ki ap naje, ti chaloup ki ap bay kalinda sou dlo.
6. Lè yo rive te gen tan gen yon bon valè moun.
7. Depi vandredi swa machin nan deja anbake.
8. Lè yo rive te gen tan gen yon bon valè moun.
9. Samdi kou li jou yo pran wout lanmè you yo.
10. Moun yo benyen, yo mache sou sab lanmè; se bèl bagay.
11. Lè yo rive te gen tan gen yon bon valè moun.
12. Semèn nan pral fini.
13. Ti moun ki monte sou chanm, granmoun ki ap naje, ti chaloup ki ap bay kalinda sou dlo.
14. Menm jan ak tout vwazen li yo; Pòl bezwen tranpe kò li nan yon ti dlo lanmè.
15. Ti moun ki monte sou chanm, granmoun ki ap naje, ti chaloup ki ap bay kalinda sou dlo.
16. Menm jan ak tout vwazen li yo; Pòl bezwen tranpe kò li nan yon ti dlo lanmè.
17. Depi vandredi swa machin nan deja anbake.
18. Pòl ak madanm ni deside ale nan plaj.

Lekti Kreyòl - Repons Liv Aktivite 3   W. Douce

Paj 134 – 135 - Repons yo pral varye dapre nivo elèv/etidyan/patisipan an.

Repons - Leson 21 - Ale Nan Lanmè - Vokabilè

Paj 137
1. sab
2. chanm
3. yo
4. lanmè
5. plaj
6. vwazen
7. Semèn
8. granmoun
9. vandredi
10. Samdi
11. dlo lanmè
12. chaloup
13. machin
14. Malerezman
15. madanm

Repons - Leson 21 - Ale Nan Lanmè - Vokabilè

Paj 138-139
1. Samdi kou li jou yo pran wout lanmè you yo.
2. Menm jan ak tout vwazen li yo; Pòl bezwen tranpe kò li nan yon ti dlo lanmè.
3. Ti moun ki monte sou chanm, granmoun ki ap naje, ti chaloup ki ap bay kalinda sou dlo.
4. Depi vandredi swa machin nan deja anbake.
5. Pòl ak madanm ni deside ale nan plaj.
6. Ti moun ki monte sou chanm, granmoun ki ap naje, ti chaloup ki ap bay kalinda sou dlo.
7. Depi vandredi swa machin nan deja anbake.
8. Menm jan ak tout vwazen li yo; Pòl bezwen tranpe kò li nan yon ti dlo lanmè.
9. Moun yo benyen, yo mache sou sab lanmè; se bèl bagay.
10. Lè yo rive to gen tan gen yon bon valè moun.
11. Menm jan ak tout vwazen li yo; Pòl bezwen tranpe kò li nan yon ti dlo lanmè.
12. Semèn nan pral fini.
13. Ti moun ki monte sou chanm, granmoun ki ap naje, ti chaloup ki ap bay kalinda sou dlo.
14. Pòl ak madanm ni deside ale nan plaj.
15. Malerezman demen dimanch, fòk tout moun tounen lakay yo.

Paj 140-141 - Repons yo pral varye dapre nivo elèv/etidyan/patisipan an.

Repons - Leson 22 - Vwayaje Lòtbò Dlo - Vèb ak ekspresyon

Paj 143
1. fè
2. fin gen
3. tcheke
4. rive
5. vwayaje
6. pran
7. antre
8. rantre
9. pral
10. mande
11. jwenn
12. sanble

Paj 144
1. Pafwa moun pa jwenn plas, lè konsa, yo sou "stannbay"
2. Swa ou pral Lafrans, Kanada, Ozetazini, anpil nan demach yo sanbie.
3. Apre ou fin gen paspo ak viza ladan, ou kapab vwayaje.
4. Yon lòt moman; gwo zwazo a pran lè a pou li.
5. Lè avyon an rantre yon gwo opalè mande pasaje yo pou yo anbake.
6. Apre ou fin gen paspò ak viza ladan, ou kapab vwayaje.
7. Apre sa yo antre nan imigrasyon pou dènye tchèk ak enspeksyon, epi antre nan avyon an.
8. Moman ki pi bèl se lè ou rive ayewopò, tout moun nan liy.
9. Swa ou pral Lafrans, Kanada, Ozetazini, anpil nan demach yo sanbie.
10. Lè avyon an rantre yon gwo opalè mande pasaje yo pou yo anbake.
11. Ou gen pou fè rezèvasyon sou youn nan avyon ki fè zòn sa yo.
12. Tout moun nan liy, yo tcheke zefè yo, peze yo epi peye yon ti kòb pou yo si yo peze plis pase pwa nòmal.

Paj 145 - Repons yo pral varye dapre nivo elèv/etidyan/patisipan an.

Repons - Leson 22 - Vwayaje Lòtbò Dlo - Vokabilè

Paj 147
1. zwazo
2. demach
3. Kanada
4. Ozetazini
5. ayewopò
6. Lafrans
7. paspò
8. viza
9. avyon
10. rezèvasyon

Lekti Kreyòl - Repons Liv Aktivite 3

11. zefè
12. opalè
13. imigrasyon
14. stannbay

Repons - Leson 22 - Vwayaje Lòtbò Dlo - Vokabilè

Paj 148
1. Ou gen pou fè rezèvasyon sou youn nan avyon ki fè zòn sa yo.
2. Tout moun nan liy yo tcheke zefè yo, peze yo epi peye yon ti kòb pou yo si yo peze plis pase pwa nòmal.
3. Yon lòt moman; gwo zwazo a pran lè a pou li.
4. Apre ou fin gen paspò ak viza ladan, ou kapab vwayaje.
5. Pafwa moun pa jwenn plas, lè konsa, yo sou "stannbay"
6. Swa ou pral Lafrans, Kanada, Ozetazini, anpil nan demach yo sanbie.
7. Lè avyon an rantre yon gwo opalè mande pasaje yo pou yo anbake.
8. Swa ou pral Lafrans, Kanada, Ozetazini, anpil nan demach yo sanbie.
9. Apre sa yo antre nan imigrasyon pou dènye tchèk ak enspeksyon, epi antre nan avyon an.
10. Apre ou fin gen paspò ak viza ladan, ou kapab vwayaje.
11. Swa ou pral Lafrans, Kanada, Ozetazini, anpil nan demach yo sanbie.
12. Moman ki pi bèl se lè ou rive ayewopò, tout moun nan liy.
13. Lè avyon an rantre yon gwo opalè mande pasaje yo pou yo anbake.
14. Swa ou pral Lafrans, Kanada, Ozetazini, anpil nan demach yo sanbie.

Paj 149 - Repons yo pral varye dapre nivo elèv/etidyan/patisipan an.

Repons - Leson 23 - Yon Timoun Fèt - Vèb ak ekspresyon

Paj 151
1. fèk gen
2. soufle
3. tou piti
4. Apèn
5. se
6. tèt koupe
7. marye
8. Gade
9. konnen
10. sanble
11. kòmanse

Paj 152
1. Li tou piti.
2. Semèn sa a yo fèk gen yon ti bebe.
3. Apèn ti pitit la to fèt Felòm kriye: "mèsi Bondye mwen resi papa ".
4. De anmore yo gen yon bon van k'ap soufle nan kè yo.
5. Gade li nan bèso a!
6. Ti pitit la sanbie ak papa li tèt koupe.
7. Li se konbinezon lanmou de moun yo.
8. Men kimoun ki konnen sa li ap yin demen?
9. Felòm ak Anita gen yon bon ti tan depi yo marye.
10. Ti pitit la sanbie ak papa li tèt koupe.
11. Ti bebe a deja kòmanse jwenn anpil afeksyon.

Paj 153 - Repons yo pral varye dapre nivo elèv/etidyan/patisipan an.

Repons - Leson 23 - Yon Timoun Fèt - Vokabilè

Paj 155
1. papa
2. bèso
3. afeksyon
4. depi
5. piti
6. anmore
7. ti bebe
8. demen
9. konbinezon
10. Apèn

Paj 156
1. De anmore yo gen yon bon van k'ap soufle nan kè yo.
2. Ti bebe a deja kòmanse jwenn anpil afeksyon.
3. Semèn sa a yo fèk gen yon ti bebe.
4. Li se konbinezon lanmou de moun yo.
5. Men kimoun ki konnen sa ii ap vin demen?
6. Apèn ti pitit la to fèt Felom kriye: "mesi Bondye mwen resi papa ".
7. Li tou piti.
8. Ti pitit la sanbie ak papa li tèt koupe.
9. Gade li nan bèso a!
10. Felòm ak Anita gen yon bon ti tan depi yo marye.

Paj 157 - Repons yo pral varye dapre nivo elèv/etidyan/patisipan an.

Repons - Leson 24 - Yon Ka Lanmò - Vèb ak ekspresyon

Lekti Kreyòl - Repons Liv Aktivite 3

W. Douce

Paj 159
1. Se pa mwen sèlman
2. voye
3. refè
4. Se te
5. senyen
6. leve
7. mouri
8. flanm lanmou
9. pale
10. rete
11. renmen
12. Ala
13. tou limen
14. kenbe
15. touye

Repons - Leson 24 - Yon Ka Lanmò - Vèb ak ekspresyon

Paj 160
1. Se yon ti granmoun ki te renmen moun anpil.
2. Mwen santi kè mwen t'ap senyen.
3. Iya te vin malad, li pa t' janm fin refè net.
4. Maladi a touye kò ou men flanm lanmou ki t'ap Klere nan ou a, rete tou limen nan kè mwen.
5. Yon jou madi li te voye yon tas kafe ban mwen.
6. Si mwen to dwe pale mwen tap di: Iya ou ale vye sò?
7. Iya mouri.
8. Manman mwen te toujou di mwen, ti granmoun sila a te konn kenbe mwen lè mwen te piti.
9. Se pa mwen sèlman, gran fre mwen an, e anpil timoun nan tout vwazinaj la.
10. Se te dènye fwa.
11. Maladi a touye kò ou men flanm lanmou ki t'ap Klere nan ou a, rete tou limen nan kè mwen.
12. Li te rete bò lakay.
13. Ala tris mwen tris!
14. Chak maten Iya lave nou ak yon tas kafe.
15. Maladi a touye kò ou men flanm lanmou ki t'ap Klere nan ou a, rete tou limen nan ke mwen.

Paj 161-162 - Repons yo pral varye dapre nivo elèv/etidyan/patisipan an.

Repons - Leson 24 - Yon Ka Lanmò - Vokabilè

Paj 164
1. lakay
2. flanm lanmou
3. Maladi
4. malad
5. kè
6. vye sò
7. tris
8. granmoun
9. vwazinaj
10. dènye
11. Iya
12. granmoun
13. madi
14. tas kafe

Repons - Leson 24 - Yon Ka Lanmò - Vokabilè

Paj 165-166
1. Chak maten Iya leve nou ak yon tas kafe.
2. Maladi a touye kò ou men flanm lanmou ki t'ap Klere nan ou a, rete tou limen nan kè mwen.
3. Iya te vin malad, li pa t' janm fin refè nèt.
4. Se pa mwen sèlman, gran frè mwen an, e anpil timoun nan tout vwazinaj la.
5. Ala tris mwen tris!
6. Iya mouri.
7. Manman mwen te toujou di mwen, ti granmoun sila a te konn kenbe mwen lè mwen te piti.
8. Li te rete bò lakay.
9. Maladi a touye kò ou men flanm lanmou ki rap Klere nan ou a, rete tou limen nan kè mwen.
10. Yon jou madi li te voye yon tas kafe ban mwen.
11. Se yon ti granmoun ki te renmen moun anpil.
12. Se te dènye fwa.
13. Mwen santi kè mwen rap senyen.
14. Si mwen to dwe pale mwen t'ap di: Iya ou ale vye sò?

Paj 167-168 - Repons yo pral varye dapre nivo elèv/etidyan/patisipan an.

Repons - Leson 25 - Anbago - Vèb ak ekspresyon

Paj 170
1. fin
2. vin pòtre
3. koumanse
4. fòme
5. Kè sere

Lekti Kreyòl - Repons Liv Aktivite 3

6. chanje
7. depafini
8. trip kòde
9. soti
10. bèl tankou pèl
11. poze

Paj 171
1. Pòtoprens, kapital la ki to bèl tankou pèl, vin pòtre yon timoun mazora, kwatchòko ki ap fin pa depafini debou.
2. Pou ki nou pa pran konsyans, pou ki nou pa chanje metòd, pou ki nou pa chanje konsepsyon?
3. Antouka nou pa jij men nou ka poze yon ti kesyon. Kote soufrans nou soti?
4. Pòtoprens, kapital la ki to bèl tankou pèl, yin potre yon timoun mazora, kwatchòko ki ap fin pa depafini debou.
5. Si nou gen bon sans nou dwe koumanse plenn.
6. Pòtoprens, kapital la ki to bèl tankou pèl, yin pòtre yon timoun mazora, kwatchòkò ki ap fin pa depafini debou.

Repons - Leson 25 - Anbago - Vokabilè

Paj 173
1. bon sans
2. jenerasyon
3. mazora
4. Lòtbò dlo
5. anndan
6. Deyò
7. soufrans
8. Pòtòprens
9. anbago
10. kwatchòkò
11. debou
12. Ayiti
13. konsyans

Repons - Leson 25 - Anbago - Vokabilè

Paj 174-175
1. Antouka nou pa jij men nou ka poze yon ti kesyon. Kote soufrans nou soti?
2. Pòtòprens, kapital la ki to bèl tankou pèl, vin pòtre yon timoun mazora, kwatchòkò ki ap fin pa depafini debou.
3. Pòtòprens, kapital la ki to bèl tankou pèl, vin pòtre yon timoun mazora, kwatchòkò ki ap fin pa depafini debou.
4. Nou menm ki fòme jenerasyon sa a, ki jijman listwa prate pote sou nou.
5. Pou ki nou pa pran konsyans, pou ki nou pa chanje metòd, pou ki nou pa chanje konsepsyon?

W. Douce

6. Kote soufrans nou soti? Deyò nou oubyen anndan nou?
7. Kate soufrans nou soti? Dewò nou oubyen anndan nou?
8. Lòtbò dlo oubyen anndan peyi nou?
9. Si nou gen bon sans nou dwe koumanse plenn.
10. Ke sere, dlo nan je, trip kòde, nan bilan a nbago sou do Ayiti an 1994.
11. Kè sere, dlo nan je, trip kòde, nan bilan a nbago sou do Ayiti an 1994.
12. Pòtoprens, kapital la ki to bèl tankou pèl, vin pòtre yon timoun mazora, kwatchòkò ki ap fin pa depafini debou.
13. Pòtoprens, kapital la ki to bèl tankou pèl, vin pòtre yon timoun mazora, kwatchòkò ki ap fin pa depafini debou.

Paj 176-177 - Repons yo pral varye dapre nivo elèv/etidyan/patisipan an.

Lekti Kreyòl - Repons Liv Aktivite 3   W. Douce

Repons - Leson 13 - Yon Ti Tonèl - Vèb ak ekspresyon
Paj 68

Repons - Leson 15 - Yon Travay Faktori - Vèb ak ekspresyon
Paj 83

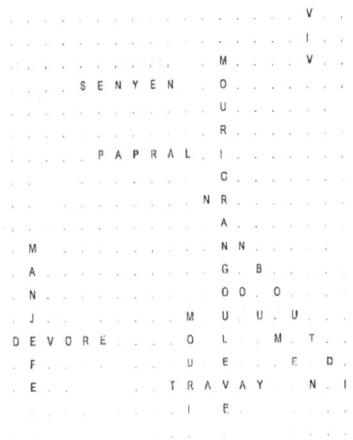

Repons - Leson 14 - Bòs Fòmann - Vèb ak ekspresyon
Paj 75

Repons - Leson 16 - Yon Kous Moto - Vèb ak ekspresyon
Paj 91

Repons - Leson 14 - Bòs Fòmann - Vokabilè
Paj 79

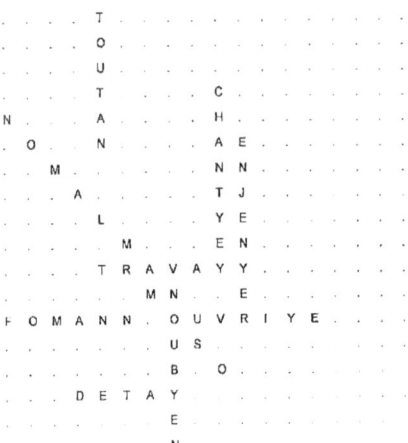

Repons - Leson 16 - Yon Kous Moto - Vokabilè
Paj 95

Lekti Kreyòl - Repons Liv Aktivite 3

Repons - Leson 17 - Nan Makèt La - Vèb ak ekspresyon

Paj 99

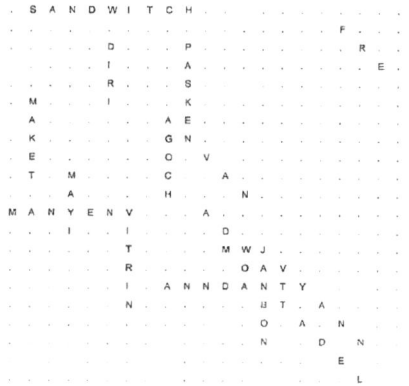

Repons - Leson 17 - Nan Makèt La - Vokabilè

Paj 103

Repons - Leson 19 - Nan Mache - Vèb ak ekspresyon

Paj 113

Repons - Leson 20 - Pran Taptap - Vèb ak ekspresyon

Paj 122

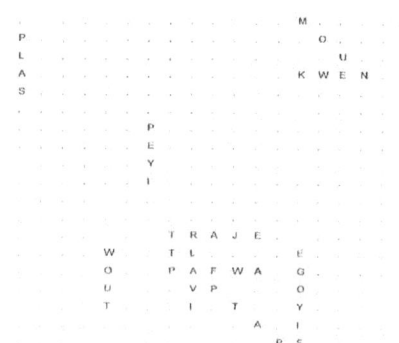

Repons - Leson 20 - Pran Taptap - Vokabilè

Paj 126

Lekti Kreyòl - Repons Liv Aktivite 3

Repons - Leson 21 - Ale Nan Lanmè - Vèb ak ekspresyon

Paj 130

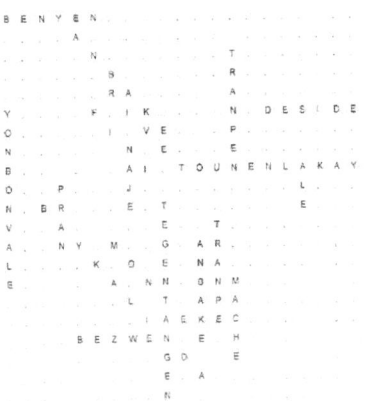

Repons - Leson 21 - Ale Nan Lanmè - Vokabilè

Paj 136

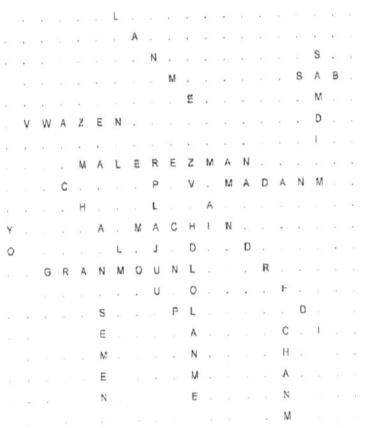

Repons - Leson 22 - Vwayaje Lòtbò Dlo - Vèb ak ekspresyon

Paj 142

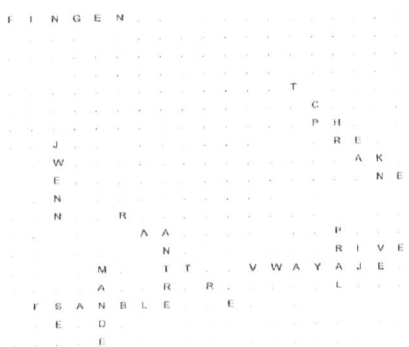

Repons - Leson 22 - Vwayaje Lòtbò Dlo - Vokabilè

Paj 146

Repons - Leson 23 - Yon Timoun Fèt - Vèb ak ekspresyon

Paj 150

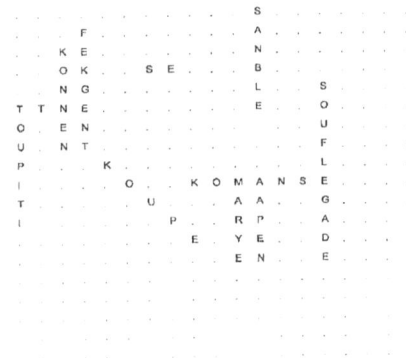

Paj 154

Lekti Kreyòl - Repons Liv Aktivite 3 W. Douce

Repons - Leson 24 - Yon Ka Lanmò - Vèb ak ekspresyon
Paj 158

Repons - Leson 25 - Anbago - Vèb ak ekspresyon
Paj 169

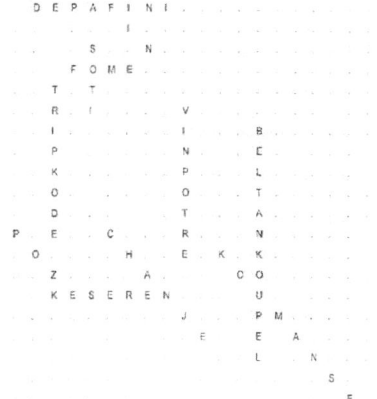

Repons - Leson 24 - Yon Ka Lanmò - Vokabilè
Paj 163

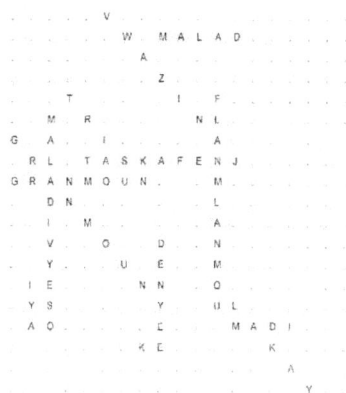

Repons - Leson 25 - Anbago - Vokabilè
Paj 172

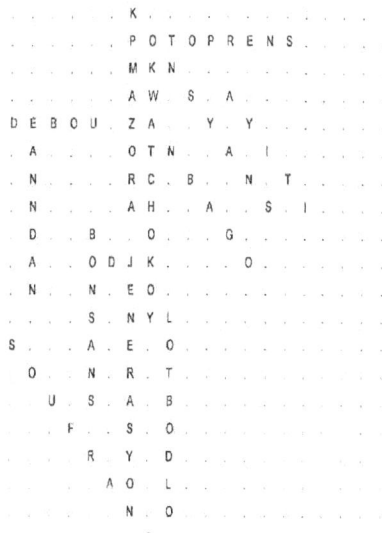

NÒT

www.ingramcontent.com/pod-product-compliance
Lightning Source LLC
Chambersburg PA
CBHW081025040426
42444CB00014B/3361